Die Geschichte von Paulchen Muff

Die Geschichte
von Paulchen Muff

von Jeanne Willis
mit Bildern von Margaret Chamberlain

Lesen und Freizeit Verlag

Dies ist die traurige Geschicht'
Von Paule Muff. Der wusch sich nicht.

Erwähnt die Mutter das Wort „Seife",
Rennt Paulchen weg, die feige Pfeife.

Will sie ihn baden, schreit er laut,
Mit Arm und Bein er um sich haut.

Paule jammert, schreit und brüllt,
Daß es das ganze Haus erfüllt.

Doch eines Tages wurd's zu toll,
Die Mutter hat die Nase voll.

Sie warf das Handtuch und gab auf.
Der Schmutz blieb auf dem Paule drauf.

Am Montag lief er aus dem Haus
Mit Marmelade im Gesicht.

Mit Eigelb auf dem Oberhemd
Und einer dicken, schwarzen Schicht,
Die unter jedem Nagel klemmt.

Am Dienstag schon in Stinkesocken

Roch Paul zum Junge-Hunde-Locken.

Am Mittwoch hat sein letzter Freund
Vor dem Gestank das Feld geräumt.

Weil er inzwischen noch mehr roch,
Klemmt sich die Lehrerin die Nase
Mit einer Klammer zu und doch
Erstickt sie fast vom üblen Gase.

Am Donnerstag wich nach wie vor
Der Paul dem Waschen aus mit Fleiß.
Mit Schmutz um Nase, Aug' und Ohr
Brummt um ihn rum nur noch Geschmeiß.

Als keiner mehr den Stunk hält aus,
Schickt ihn die Lehrerin nach Haus.

Dort stirbt sofort der Blumenstrauß,
Die Mutter schimpft: „Gehst du wohl raus!"

„Du kommst mir nicht mehr in die Nähe,
Es sei, daß ich im Bad dich sehe."
„Du kannst mir mal", brüllt Paule patzig,
„Freiwillig kriegst du mich ins Bad nicht."

Die Taschen voll wie'n Abfalleimer
Und schmierig wie bisher noch keiner

Verschwindet Paul am selben Tag.
Wer weiß, wo er wohl stecken mag?

Wie Freitag kam, so ging er auch.
Dem Stinker Paule knurrt der Bauch.

Kein Platz zum Ausruhn, nichts zu essen.
Paul ist von allen fast vergessen.

Da niemand ließ ihn zu sich ein,
Kroch Paul in eine Tonne rein,
Zu Apfelgriebs und kalten Knochen,
Kartoffelschalen, die schon rochen,

Zu Soßenrest und Kaffeesatz,
Sogar die Scherben machen Platz.
So fühlt der Müll sich nicht allein.
Paul Muff schläft in der Tonne ein.

Jetzt bleibt zu sagen nicht viel mehr.

Am Samstag war'n die Tonnen leer.

Deutsche Erstausgabe
Lizenzausgabe der Lesen und Freizeit
Verlag GmbH, Ravensburg
Die Originalausgabe erschien 1981 unter dem
Titel: „The Tale of Georgie Grub" bei
Andersen Press Ltd., London
Text: © 1981 by Jeanne Willis
Illustrations: © 1981 by Margaret Chamberlain
© der deutschsprachigen Textfassung
Lesen und Freizeit Verlag GmbH, Ravensburg, 1983

Aus dem Englischen von G. G. Wienert

Umschlagentwurf, unter Verwendung einer Illustration
von Margaret Chamberlain, von Gerald Ahrens

Alle Rechte dieser Ausgabe vorbehalten
durch Lesen und Freizeit Verlag GmbH, Ravensburg

Printed in Germany

ISBN 3-88884-014-7